HOW TO DIE ALONE

厭世族的終極精神指南

讓我孤獨到死不行嗎？

Mo Welch

圖文／莫・沃奇
翻譯／吳愉萱

suncolor
三采文化

獻給全天下的布萊兒。
還有獻給山姆。

目 錄

- - - - - - - - - - - - - - - - - - - -

前言：認識布萊兒

嗨，我是布萊兒。我是你從來沒有交過的朋友，大概因為我是你爸媽說的「沒什麼幹勁」、「太悲觀負面」和「她是不是從小沒爸爸教」的那種人。我承認我的人生觀是有那麼一點憤世嫉俗，但至少我始終誠實面對自己。在這隨便扔個垃圾都可以砸中勵志網紅的惱人世界，不覺得這種美德更加值得珍惜嗎？

書店裡已經有夠多心靈勵志書教你克服社交焦慮，制訂了無肉、無碳水化合物、無樂趣的飲食法，幫助你消滅體脂肪的同時順便消滅你的生存意志。這些書對某些人很有用，但是對我沒用。我不想浪費生命去閱讀如何讓我的生命更加美好的文章，我只想將生命浪費在和我的貓說話，管牠聽不聽得懂。

所以這是一本沒有打算要安慰你，也沒有打算要幫助你的心靈自救手冊。這本書只適合內心堅強，想天天穿運動褲宅在家，餐餐都吃比薩或貝果或垃圾食物的人。

在這本書中，我將示範如何當一個稱職的自閉宅宅，或是把無聊透頂的工作徹底搞砸，或是讓自己變得更加沒朋友之類的。我還可以教你怎麼寫墓誌銘，慶祝你終於一個人孤獨死去。不客氣，你可以等我們都死了以後再感謝我！

第一步

如何
當個稱職的
自閉宅宅

過了某個年紀以後，出門跑趴變得好像被規定的無聊作業，不好玩，也沒有興奮的感覺，分不出昨天那攤和今天這攤有什麼差別。你不知道該穿什麼出門，你對你的身材感到羞恥。不小心太早到，無奈只能跟從沒見過以後也不會再見的人聊天，然後腦子裡在想早知道不要出門，應該穿運動褲窩在沙發上看犯罪紀錄片。

　　為什麼要為了這種社交儀式煩心？或是為了任何人或任何事煩心？如果你真的想孤獨死，現在就可以開始搞孤僻啦！永遠不要踏出大門一步，再也不跟朋友或家人見面，你唯一的說話對象就是你的貓（如果你有養貓的話！）

自畫像：一直放鳥的女人

自宅神隱 #1

**如果你不知道要不要出門，
那就不要出門。**

我今晚應該
出門嗎？

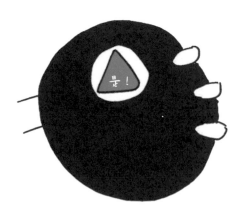

是！

喔，這東西
壞了。

在公共場所撞見熟人的
躲避方法

1　立刻跳進衣帽堆裡躲起來。

2　趴倒在路邊樹叢中。

3　假裝自己是一棵樹。

4　亦步亦趨貼緊服務生（記得保持同樣速度前進）。

5　隨便抓一隻小孩抱在手上。
　　（讚喔！你現在就跟那些普通媽媽沒兩樣了）

6　把小孩還給人家，你還沒準備好承擔責任。

7　躲進下水道。
　　在遇見創造者之前，忍者龜也只是天真可愛的小烏龜。

小時候玩躲貓貓，
不就是為了應付長大遇到這種緊急狀況嗎？

保持冷靜，繼續待在家裡。
保持冷靜，哪都不要去。

今日天氣預報：
外面人有點多，最好不要出門。

自宅神隱 #2

**你不用經營人生，
只要上網追蹤有在經營的人
就可以了。**

躺在家滑手機就是我的人生。

用來放鳥那些
無聊朋友的好藉口

1 我的貓很寂寞，牠需要我。
我相信你一定可以理解的。

2 嗯？運動嗎？
我正好要去健身房。

3 我得在天黑前整理好
早餐麥片的盒子。

4 我今天要加班到很晚。（不必說明你的工作就是在社群媒體上追蹤你的前任，你的辦公桌是你的床，還有你的同事其實是你的貓。）

5 我很忙。（我正看犯罪紀錄片看到一半。）

6 我今晚需要禱告。
（相信我，用了這個藉口，沒有人會再刁難你。）

你可以和貓談心的
五個話題

1 你今天都做了些什麼呀?

2 你覺得我們死了以後會去哪裡?

3 你知道嗎?《權力遊戲》竟然 _____ (爆雷),
   我不相信!

4 你覺得史黛西和提姆會在一起嗎?

5 你老實說,如果我先掛了,你會吃我的屍體嗎?

我有養寵物，
所以嚴格說起來不算獨自喝酒。

站在門口跟出門差不多啦。

我想我這輩子都沒有辦法離開冷氣。

離家五分鐘，也要讓運動褲
潮到出水的八個方法

1 繫一條皮帶。

2 貼亮片！

3 掛在脖子上當圍巾。

4 掛在屁股上假裝燕尾服！

5 把口袋掏出來，等人來問：「嘿，這是什麼新流行？」
然後你就可以回家了。

6 把運動褲洗乾淨！（開玩笑的，才不要。）

限額一位的運動褲趴踢。

最近聚餐流行一個人吃飯。

就算一輩子待在家，我也沒辦法成為家庭主婦。

自宅神隱 #3

放空，盯著窗外，
直到鄰居把你當成
「那個養貓的怪女人」。
太好了，當之無愧！

老娘可是交了超多房租來享受如此美好的獨居生活。

當你獨居時，洗澡這事就永遠在待辦清單上。

你以為你要前往某個地方，
但其實你哪也不會去！

* 編按：致敬蘇斯博士的經典繪本《你要前往的地方》（Oh, the Place You'll Go!）

自宅神隱 #4

**你可以盡情安排活動，
反正你也不會邀任何人參加。**

好一桶反社交的冰淇淋。

你真的夠宅嗎？

- -

下列清單將幫助你檢視自己是否確實掌握了宅的藝術。

☐ 你最愛的夜間活動是窩在沙發上看電視。

☐ 堆在沙發上的毯子數量遠超過可愛抱枕。

☐ 每晚睡到遙控器從手裡掉下來（至少掉一次）。

☐ 下班回家後打死不再出門。

☐ 朋友揪你出門喝酒會讓你恐慌症發作。

☐ 最常按你家門鈴的人是食物外送員。

□ 而且那個外送員的電話一直都在你手機快速撥號的第一順位。

□ 全世界都因為下雨不能出去玩的時候你最高興。

□ 你跟你家貓說話會講完整的句子。

□ 你正在看一本叫做《讓我孤獨到死不行嗎？》的書，順便把上頭的清單勾好勾滿。

你勾了幾項？是不是超過七個？恭喜你，你就是世界第一宅！但是你不孤單，這個世界上還有千千萬萬個我們！（我們也許永遠無法統計出一個確切的數字，因為宅男宅女是絕對不會出門填這種問卷的。）

第二步

如何
成為最佳損友

朋友其實沒有大家說的這麼重要，你只有在學校上課的時候需要朋友，這樣你才不必在眾目睽睽下自己一個人坐在那吃午餐，跟史蒂夫一樣（可憐的史帝夫）。相信我，那種偷偷摸摸、充滿心機的友情，最好跟著畢業紀念冊一起丟掉。

　　反正朋友本來就沒在講真心話的，他們只想受人歡迎，所以只會講你想聽的話，像是「你應該找個小鮮肉開心一下」或「你應該打給你的前男友」或「布萊兒，你牙齒上哪有菜渣，沒有啊，來，看鏡頭，耶！」

　　如果你是認真想要獨自終老，不想被人吵死，你遲早都要把你朋友趕走。不知道怎麼做才好？照著我的方法做，絕對讓你成為朋友圈裡最最最不受歡迎的那一個！

最佳損友楷模 #1

跟老朋友沒話聊的時候，
翻翻高中舊帳，
你們就可以繼續吵個幾小時。

我覺得朋友之間最適當的距離，
就是「機場接送」的距離。

嘿，你身上的刺青有什麼意思？

喔，意思是「我不認識你可不可以不要煩我」。

酷哦，所以你哪裡人？

45

最佳損友楷模 #2

如果沒東西吃，
也沒錢買東西吃，
就去有錢朋友家開他的冰箱。
如果被抓包，
可以說好久不見很想他。

朋友家就是二十四小時得來速。

沒人想聽但是身為朋友
你還是該說的那些實話

1 你媽是對的。（這招屢試不爽。）

2 嘿啊，你根本不適合這份工作。

3 就算我被警察抓，我也不會想找你來救我。

4 你剛講話的時候我不小心睡著了。

5 對，那個故事超好笑，你只不過講了大概十七次而已。

6 難道你看不出來自己為什麼會被甩嗎？
（但我看得出就是了。）

7 你對你家寵物的愛感覺有點變態。

8 你是不是沒付錢給你的設計師，他才把你的頭髮剪成
這樣子？

9 你的新男友跟你的前任到底有什麼差別？

10 你有口臭。

49

最佳損友楷模 #3

如果推不掉朋友的早午餐約會，
千萬絕對打死也別選中間座位，
你會被兩邊說話的人煩死。
隨便選個角落坐下來就對了，
確保隨時可以尿遁離開。

我寧願吃自己手臂上的肥肉，
也不要跟你和你的大學朋友去吃早午餐。

我不想參加
你結婚喜宴的理由

送你一碗
早餐麥片

1 我沒錢包紅包。

2 你一定會懲罰單身的人，
安排我跟小屁孩坐同一桌。

3 看過你在單身派對的表現之後，
我沒辦法相信你真的愛你老公。

4 我最恨別人逼我去跟
其他單身女子搶捧花。

5 結婚誓言讓我想睡覺。

6 總而言之，與其去參加婚禮，
我寧願賴在自己的沙發上。

我不是笑你失戀，
只是聽到戀愛這兩個字我就忍不住想笑。

如何表現得像你那些成家立業的朋友一樣：

噢，自從有了寶貝之後，我的生活都變得不一樣了。我愛你，我的寶貝。

最佳損友楷模 #4

幫你的貓取個人類的名字，
這樣當你說：
「喔，抱歉，
我已經和喬安有約了！」
你的朋友會以為
你要跟某個很酷的人出去玩。

你堪稱宅宅損友嗎？

下列清單將幫助你檢視自己是否有資格自稱最佳損友。

☐ 跟朋友約會沒有一次不遲到。

☐ 每次「一人一菜」聚會都沒帶任何吃的，但每次你都吃得很爽。

☐ 朋友邀你去「淑女之夜」的時候指責他說這是一種性別歧視。

☐ 群組訊息總是已讀不回。

☐ 朋友不在就開始說他們壞話。

□ 曾經對閨密說她的寶寶長得很奇怪。

□ 把朋友家的廚房當免費酒吧。

□ 不管去哪從不主動當司機。

□ 跟朋友借外套，還衣服的時候上面還沾滿貓毛。

□ 對朋友的故事沒興趣，倒是很愛聽他的寵物今天又
　做了什麼蠢事。

你勾了幾項？是不是超過七個？恭喜你，這世界上再沒有
比你更爛的朋友了！你今晚最好和你的貓一起待在家，反
正也沒有朋友受得了你。

如何當選
史上最廢員工

可能你跟我一樣，沒有其他生存技能，工作只是為了混口飯吃，每個月都在帳單的夾縫間求生存，然後每天幻想跟老闆說：「老娘不幹了！咖啡機空了我從沒補過，而且我還摸了很多廁所衛生紙回家，怎樣！」

　　最受不了的是那些同事。我是說，有個傢伙還不錯，每次都會把他老婆塞在便當袋裡的薯片給我，其他人都很討厭。有些人還在那邊努力工作，拼業績、拼成績，看了我就噁心（嘔）。那句名言說得很有道理：「親近你的朋友，更要親近你的敵人，至於你的同事就不用鳥他們了。」

　　人生苦短，根本就不應該工作！如果你還是得每天把自己拖進辦公室，我在這一章會交你如何有效率地達到最低勞動標準。

混水摸魚 #1

**你不知道圓餅圖
是畫來幹嘛用的，
但你覺得開會時
拿來著色還挺療癒的。**

為何不好好休息，養精蓄銳，
一天集中工作一小時就好？我覺得這樣更有效率。

早上 9:00　　打卡上班
早上 9:00 ～下午 4:59　　忙著思考存在的意義
下午 5:00　　打卡下班

整個星期都在期待週末夜大解放，
到了星期五晚上我卻只想回家睡大覺。

可以一個人安靜吃午餐，
不會被任何人打擾的祕密基地

1 車上

2 廁所

3 工具間

4 頂樓

我需要一點動力來幫我撐過每個工作天。

聽好了！我再也不會回來這個鬼地方！去死吧！
明天見！

混水摸魚 #2

你不需要和同事當朋友，
你只需要桌上那盆盆栽。

我每天都要回想一下年輕時做了什麼傻事，
才讓自己落得如此下場。

沒辦法去上班的藉口

1 我有病，最好和大家保持距離（求之不得）。

2 我全身冒汗，超多汗，反正就是超多。

3 我今天頭髮怎麼都吹不好。
髮型對一個人來說有多重要，你不會不知道吧？

4 我一定是從珍妮特那染到什麼不乾淨的東西了。

5 我吃了免費午餐結果食物中毒。還不都是你害的。

6 我脫水了。

7 有一根睫毛永久性地插在我眼睛裡了。

8 我家衛生紙用完了，我現在被困在廁所裡。

9 我的貓不見了（大概藏在房間內某個人類無法觸及的
神祕維度）。

10 我看了一個關於外太空的紀錄片，我發現自己在浩瀚的宇宙中是如此渺小，所以我不去上班應該也沒關係。

11 我暈車，到不了公司。

12 我暈腳踏車，到不了公司。

13 我暈計程車，到不了公司。

14 我暈火車，到不了公司。

15 我暈船，到不了公司。

16 我暈機，到不了公司。

17 我腳扭到了。這次是真的。

18 我沒有衣服穿，真的，我有一個月沒洗衣服了。

19 我太忙了，忙著準備週末要出去玩。

20 我得了琥碧咳嗽（咳起來就像琥碧戈柏在笑）。

你遲到了！

我每天都遲到，只不過
今天剛好被你抓到。

喔……

剛剛花了二十分鐘上廁所兼滑 Instagram。

混水摸魚 #3

利用上班時間投履歷找工作，
感覺就像有人付錢
請你準備逃亡計畫。

又是一個關在小隔間裡擺爛的好日子。

那個同事好像永遠對著我笑，笑得我心裡發寒。

電郵外出自動回覆：掰掰，我不會再回辦公室了。

你是本月
最廢員工嗎?

- -

下列清單將幫助你檢視自己是否有在認真地把工作搞砸。

☐ 一週五天有四天遲到。

☐ 每次停車都停到老闆的車位。

☐ 喜歡跟每個人說自己做這份工作真是大材小用。

☐ 會摸走辦公室裡的東西上網賣錢。

☐ 有免費蛋糕可吃才會祝同事生日快樂。

□ 即使同事對動物過敏，你還是堅持要帶你家的貓去上班。

□ 辦公室冰箱裡的東西想吃就拿，管它上頭貼誰的名字。

□ 一天有將近四分之三的時間在說同事壞話。

□ 剩下的四分之一天都掛在社群網站上。

□ 咖啡機空了也從來不補。

你勾了幾項？是不是超過七個？恭喜你正式當選本月，喔不，是本年度最廢員工，而且考績爛到爆！是不是覺得好棒棒好有成就感？

第四步

如何
向健康說不

根據我剛剛捏造的一項研究指出，我們以為自己有在運動還有吃營養均衡的飲食，其實百分之八百都是在妄想。網路上當然可以找到一堆美式足球教練的勵志名句來欺騙鼓勵你去運動、吃生菜，但我在這裡要給你一個可供選擇的替代方案：丟出你手中的濕毛巾，放棄吧！為什麼不放棄？反正你的毛巾已經吸了這麼多汗，噁心死了，你不必再繼續帶著它到處走。

我想說的是，你可以每天喝你的綠拿鐵，每天去奇怪的舞蹈教室跟著奇怪的電子音樂轉圈圈，過著自以為好健康的日子，不過到頭來結局都是一樣的。你可以直接翻到這本書的最後去看一下，挑個你喜歡的句子放在墓碑上……哈哈哈開玩笑的啦！反正不過就是死一死嘛！

所以說，不用起身，手上拿一包洋芋片，在沙發上躺好躺滿，讀讀這一章，然後你會發現書上教你的跟你現在在做的一模一樣，你什麼也不會學到，是不是好棒棒！

我快要回到我自以為懷孕時的體重了。

貪食撇步 #1

如果有乳糖不耐症的
蔬食主義者朋友
找你去生日派對，
一定要記得自備點心。

做什麼熱瑜伽，
不如多熱一點微波起司捲。

今天的運動就是離開公司時用盡全身力氣大叫：「下班！」

我沒有蜜桃臀，但我有像桃子一樣圓又長滿毛的肚子。

我應該把健身房的會費拿去買什麼才不浪費？

1 買四十八件運動褲。

2 幫我的貓報名最時髦的冥想課程，淨化身心靈。

3 在車上裝按摩椅。

4 訂購更多影音串流平台。

5 買電動遊戲（一直按搖桿上的按鈕也是一種手部運動）。

6 買一輛停產的一九九五年別克汽車。

7 在伊利諾州的諾莫爾鎮（Normal）買一棟房子。

8 買一架跑步機（用來掛我那四十八件運動褲）。

9 買一個起司漢堡。

10 買很多、超級多的比特幣。

這樣好了，我每個月給你一筆錢，讓我永遠不再踏進這裡一步。

成交！

（神燈精靈消失煙霧）

貪食撇步 #2

在沙發放一個「起點」標誌，
然後在冰箱放一個
「終點」標誌。
嘿，你看，我剛跑完一場賽跑。

我對不起我的減肥餐。我總是背著它們偷吃。

我得把我的身體拖下床來到這裡跟你說話，
什麼心理治療，復健還差不多。

我喜歡的運動要像一塊蛋糕，
輕輕鬆鬆一下就解決了。

貪食撇步 #3

**哪一個外送員
願意把食物送到床邊，
我包養他。**

美好的週末早晨，
把自己當成廢物一樣寵愛。

沒人想拍照打卡的
單身女子料理

1 微波義大利麵

2 上一餐剩下的半個三明治

3 薯片、莎莎醬和起司切塊

4 各種口味的家樂氏吐司餅乾吃到吐

5 盒裝葡萄酒

6 牛奶泡早餐麥片屑

7 隔夜麵包加三滴鹹鹹的眼淚

我不要加小黃瓜。

不要沙拉醬。

不要番茄。

不要麵包。

她剛剛不要的那些
東西全部給我。

十年了，我的新年新希望第一名依舊是「跑一場馬拉松」。
（備註：國小畢業後跑步不超過一公里）

我今天有把棉被裝進被套，所以不用去健身房。

你已經變成
沙發馬鈴薯了嗎？

- - - - - - - - - - - - - - - - - - - -

下列清單將幫助你檢視自己是否確實掌握了懶散生活的精髓。

☐ 穿著運動褲走進健身房，跟他們說你要取消會籍。

☐ 還沒回到家就打電話叫比薩外送（就愛追求這種腎上腺素激增的刺激感）。

☐ 在公共場所焚燒比基尼。

☐ 在該跑的時候堅持用走的。

☐ 在該走的時候堅持坐著不動。

☐ 早餐吃你小時候最想吃的那種麥片，就是色素超多甜到要死的那種。

☐ 曾經試著訓練你家貓去開門拿外送食物。

☐ 立志打破「最長時間沒有運動」的世界紀錄。

☐ 為了免費T-shirt報名5K路跑。

你勾了幾項？是不是超過七個？恭喜你，你已經徹底放棄了自己的身體！

如何躲過
愛情這種病

線上交友的發明應該要讓這一切更輕鬆簡單才對，但不知道怎麼搞的，談戀愛變得比以前還要難一百倍。明明說好只要左滑右滑，點個讚，然後一直重複一樣的動作，結果卻跑出一堆問題，像是有些白目劈頭就問「約嗎」，擅自傳來很醜的裸照或修很大的自拍，或是等一下我會講到的各種謊言。

　　而且人一談戀愛智商就會下降，變得異常正面積極，樂觀到嚇人，二十四小時都在笑。你也想變成那樣嗎？不！當然不！沒有什麼比永遠單身更自由自在的了，你下半輩子都不用跟別人分享比薩或是你的床。

　　如果你現在有交往的對象或是正打算找一個，我勸你打消念頭，最好不要，住手，停止。現在就打開這一章，我會教你如何親手毀了你的感情生活，慢慢欣賞這熊熊燃燒的火焰，把戀情燒個精光！

（逢年過節家庭聚會必備衣服）

憤世嫉俗的愛 #1

逼你的約會對象
看你家寵物的照片。
如果他表情很奇怪，
就把杯子裡的飲料
往他臉上潑。

我唯一能忍受叫春的只有我家的貓。

把你們內心滿出來的愛給我收好，
老娘一點也不想看到。

只有做美甲才有機會體驗牽手的感覺。

第一次約會的完美必殺回應
（如果你打死不想再有
第二次約會）

我的嗜好是找下巴的毛和挑髮尾的分岔。還有天竺鼠。

我不記得上一次出門工作是什麼時候的事了。

我忘記帶錢包了，餐錢我可以寄支票給你嗎？

星期五晚上？我通常都待在家裡抓癢，我很容易起疹子。你呢？

你問我都聽誰的歌喔？早期主義樂團（creed）。

我愛天竺鼠！

當你在緊急聯絡人欄填上你老媽的名字，
別懷疑，你就是單身，超單的那種。

只要對方告訴我他不愛貓，
約會就可以直接結束了。

憤世嫉俗的愛 #2

用批判性思考
來看浪漫愛情喜劇，
然後大聲說：
「醒醒吧，這種男人不存在！」
或是「跟你打賭，三年就會離婚，
那男的根本喜歡他兄弟啊！」

「談戀愛就是要結婚，結完婚趕快生小孩。」
我是誰？我在哪裡？我在幹什麼？

分手的標準流程

1 決定是時候差不多
可以結束了。

2 看一些分手的電影，
做好心理建設。背一
些實用的句子，像是
「說真的，親愛的，
我一點也不在乎。」

3 去超市買一堆垃圾食物，不久之後就會派上用場。

4 傳簡訊給你的小心肝，說你們玩完了。

5 等到他去上班之後，在他們家附近鬼鬼祟祟閒晃，然後跟他的寵物說掰掰。

6 燒掉你的手機。

7 把你先前買的那堆垃圾食物嗑光。

憤世嫉俗的愛 #3

別搞線上約會那一套。
線下也一樣，反正就是別約會。

我剛才發了生平第一則「性息」：
一張乳酪丹麥酥*的照片。

* 歡迎自行上網搜尋 cheese Danish 圖片

政府應該立法禁止情侶十指交扣走在街上。

達美樂外送 app 比 Tinder 更好用，
至少我可以預見下一步的發展。

你成功躲過愛情
這種病了嗎？

下列清單將幫助你檢視自己是否確實掌握了單身的藝術。

☐ 在床上做伸展運動也不會踢到任何人。

☐ 起床時用喵喵叫代替早安。

☐ 沒人會花你的錢，除了你自己。

☐ 你的熱戀對象是一包洋芋片。

☐ 朋友邀你喝喜酒時不再幫你湊對。

☐ 喝醉了不會發簡訊給前任，而是發**E-mail**給幫你報稅的會計師。

☐ 就算要做傻事也不必向任何人報備。

☐ 家裡盆栽多到滿出來。

☐ 洗髮精永遠用不完。

☐ 酥炸洋蔥圈看起來比起結婚戒指更誘人。

你勾了幾項？是不是超過七個？恭喜你，看來你對愛情完全免疫了！獎勵就是打開**Netflix**看到世界末日也不會有人打擾你。

最後一步

如何寫出
完美的墓誌銘

很好，人終須一死，這結局真是爛透了。不過死其實也沒這麼可怕，跟活著一樣，你也可以死得很有自己的風格。像是，講一些雙關語俏皮話，或只有老人才笑得出來的冷笑話。為何不能一笑置之？寫對墓誌銘，你就可以把自己的葬禮變成單人脫口秀舞台。

　　推薦以下精選墓誌銘，可以娛樂掃墓的人、路人或是在墓園徘徊的鬼魂。

請帶比薩來看我，要義大利臘腸口味。

她在做自己最愛做的事的時候去死，是別想睡歪一覺。

事實證明排毒果汁一點鳥用也沒有。

點唱機墓碑

點些催淚的歌，像
是「我想哭但是哭
不出來」之類。

電視墓碑

拜訪最愛的鬼魂也
不忘追個劇。

籃框墓碑

流汗總比流淚好。

販賣機墓碑

把悲傷吞進肚子裡。

如果你打算火化，沒關係，我都幫你想好了。

　　如果生前來不及向哪個摯愛親友說再見，可以用這個可愛的餅乾罐骨灰罈跟他們好好地、開心地道別，不要留遺憾。

看吧，是不是灰～常好笑！

致 謝

謝謝從以前就開始支持布萊兒的粉絲,你們感人的留言和鼓勵改變了我的職業生涯規畫,填滿了我內心的大坑洞。

致所有甩掉我的前男友,那些令人心碎的分手幫助我創造出了布萊兒——有你們才有布萊兒。

給Walkman出版社的Evan Griffith,你是完美的貓奴編輯,感謝你幫我矯正文法錯誤,因為我真的不喜歡逗號而且我愛用講不停的不間斷的句子表達出我對公立學校教育的不滿總之謝謝你Evan超級感謝你真是太唷秀*了。

給Anthony Mattero,你竟然相信這一切能夠成功並且決心給他做下去,你的正向思考絕對會讓布萊兒眼白翻到後腦勺。

給Justin Letter，謝謝你盡一切努力說服我，要我對自己的作品有信心。最好是啦！

將這本書獻給我聰明機智，而且喜歡嚇死人不償命的爺奶兩老Ed和Mary Mangan。

還有我的母親Mary，身為單親媽媽，辛苦把五個小孩帶大，很難方方面面都顧到我們每一個人，但妳總是盡力蒐集撿起我畫的小漫畫，然後把它們全部丟進垃圾桶。如今那些垃圾終於集結成這本書了。

**喔，講完了沒？我本來快餓死，
結果這些愛來愛去的感想讓我胃口都沒了。**

* 編按：原文 magniffisent 特意拼錯，故譯為「唷秀」。

國家圖書館出版品預行編目資料

讓我孤獨到死不行嗎?: 厭世族的終極精神指南 / Mo
Welch 作 ; 吳愉萱譯 -- 臺北市：三采文化，2020.10
　　面；　　公分 . -- (Mind Map ; 214)
ISBN 978-957-658-439-8　（平裝）

191.9　　　　　　　　　　　　　　109015480

suncolor
三采文化集團

MindMap 214

讓我孤獨到死不行嗎？：
厭世族的終極精神指南

作者｜ Mo Welch　　譯者｜吳愉萱　　副總編輯｜王曉雯　　責任編輯｜徐敬雅
美術主編｜藍秀婷　　封面設計｜高郁雯　　內頁編排｜ Claire Wei

發行人｜張輝明　　總編輯｜曾雅青　　發行所｜三采文化股份有限公司
地址｜ 台北市內湖區瑞光路 513 巷 33 號 8 樓
傳訊｜ TEL:8797-1234　FAX:8797-1688　　網址｜ www.suncolor.com.tw
郵政劃撥｜ 帳號：14319060　戶名：三采文化股份有限公司
本版發行｜ 2020 年 10 月 30 日　定價｜ NT$400